AF466318

PÉTITION

DU

COMMANDANT DULAC

A MESSIEURS LES MEMBRES

DE LA CHAMBRE DES DÉPUTÉS.

PÉTITION

DU

COMMANDANT DULAC

A MESSIEURS LES MEMBRES

DE LA CHAMBRE DES DÉPUTÉS.

Messieurs,

Mon honneur étant gravement compromis par les attaques que, du haut de la tribune, un des membres de votre honorable assemblée a dirigées contre moi, et, jusqu'à ce jour, aucune satisfaction n'ayant été accordée à mes justes réclamations, je me trouve dans la nécessité d'en appeler à votre équité et à vos consciences, pour obtenir justice des faits erronés qui me sont imputés.

J'ai donc l'honneur de mettre sous vos yeux l'extrait du *Moniteur*, du 21 courant, dans lequel sont relatées les assertions controuvées qui provoquent ma pétition.

(*Séance de la Chambre des Députés*, *du* 20 *septembre* 1831.)

« M. Laboissière a la parole pour un rappel au règle-
« ment. » (Mouvement de curiosité.)

M. Laboissière. « Messieurs, je viens révéler à cette

« tribune un fait qui importe à la dignité de cette as-« semblée et à la sûreté de ses membres. Je demande « pardon à la Chambre de l'entretenir de moi; mais je « signale un fait personnel, et il me serait difficile de le « faire sans parler de moi.

« Hier, au sortir de la séance, je venais de traverser la « place de la Concorde, avec plusieurs de mes honora-« bles collègues; je me dirigeais vers la rue de Rivoli; « je la trouvai barrée par un bataillon de Garde na-« tionale qui occupait tout l'espace qui sépare le Minis-« tère de la marine, des fossés. J'avais besoin d'aller « dans le quartier du Palais-Royal.

« Je me présentai sur plusieurs points de la ligne de « ce bataillon; j'énonçai ma qualité, je présentai ma « médaille de Député, et je demandai qu'il me fût per-« mis de passer; je fus repoussé, je le dis avec regret, « mais avec vérité, non pas seulement en exécution « d'une consigne donnée, mais par des grossièretés et « des menaces.

« Dans ce moment une charge de Gardes municipaux, « que rien ne motivait, puisqu'ils chassaient devant « eux quelques hommes isolés seulement... (Interrup-« tion au centre.)

« Messieurs, je signale un fait qui m'est personnel. »

M. Madier de Montjau. « Je demande la parole. »

M. Odillon Barrot. « Je la demande aussi. »

M. Audry de Puyraveau. « Je l'ai déja réclamée. »

M. Laboissière. « Cette charge m'accula entre les « baïonnettes de la Garde nationale et les chevaux, de « telle sorte que je ne pouvais pas faire un pas en

« avant sans être percé, et faire un pas en arrière sans « être foulé.

« Je m'adressai alors à un maréchal-des-logis, qui, « je me plais à lui rendre cette justice, avec politesse, « avec empressement, prit le soin de me faire un pas- « sage. En cet instant, son chef d'escadron arrive sur « moi au grand galop de son cheval, au risque de m'é- « craser, et m'intime l'ordre de me retirer, en termes « tellement grossiers, que je ne pourrais les répéter à « cette tribune.

« Je lui dis que je ne demandais pas mieux que de « me retirer; je cherchai à lui expliquer mon embar- « ras; je lui déclarai ma qualité; je lui montrai ma mé- « daille; il me dit : « Quand je suis à cheval pour mon « service, je ne connais personne; je ne cause avec « personne; filez, ou je vous fais sabrer comme les au- « tres. » (Vives rumeurs en sens divers.)

« Des cris d'indignation s'élevaient autour de moi; « je sentis combien ma position devenoit difficile. Dès « lors, je fus obligé de céder, et je me dirigeai vers la « rue Royale.

MM. de Schonen et de Podenas. « Je demande la « parole. »

« *M. Laboissière.* Je dis au chef d'escadron qui me « suivait : Vous le voyez, j'obéis; mais veuillez écarter « de moi votre cheval qui paraît ardent et pourrait « me blesser. Nonobstant cette invitation, il continua « à faire passer son cheval si près de moi, que son en- « colure dépassait fréquemment mes épaules. Il ne « lâcha prise que lorsque je fus arrivé à l'hôtel du

« Ministère de la marine, et que j'eus gagné les trot-
« toirs.

« Plusieurs de nos honorables collègues ont eu à se « plaindre d'actes semblables, notamment M. Audry « de Puyraveau, que j'ai vu traité de la manière la plus « indigne, la plus arbitraire, par un officier de la Garde « nationale. Je les invite à venir, comme moi, signaler à « cette tribune leurs justes plaintes : on verra que ce « n'est pas sur un seul point, ni contre un seul individu, « que des moyens pareils ont été employés ; et je de- « manderai quels égards on conserve pour les autres « citoyens, si on a si peu de ménagemens pour les « membres de la représentation nationale, évidem- « ment reconnus pour tels. (Murmures au centre.)

A gauche. « C'est vrai!... C'est atroce ! c'est abomi- « nable!

M. Laboissière. « Je demanderai encore si une pareille « brutalité dans les agens de la force publique, loin « de calmer l'inquiétude des esprits, n'est pas propre « à les jeter dans l'irritation.

A gauche et à droite. « Oui, c'est vrai! Très bien! »

Je ne chercherai pas à vous exprimer, Messieurs, l'indignation dont je fus saisi à cette étrange lecture!!!

Mais j'éprouvais le besoin de me défendre, de repousser de telles allégations ; je ne perdis pas de temps.

J'écrivis aussitôt à M. de Laboissière, mon accusateur, la lettre qui suit :

Paris, le 21 septembre 1831.

Monsieur,

Les journaux de ce jour m'annoncent qu'abusant de votre position, vous êtes monté à la tribune pour y signaler la conduite qu'un chef d'escadron de la Garde municipale a, dites-vous, tenue à votre égard, lundi dernier, 19 du courant.

Ce chef d'escadron, Monsieur, c'est moi; mais, comme je n'ai pas, ainsi que vous, le droit de monter à une tribune (qui ne devrait être que nationale et non personnelle) pour y réclamer sur vos assertions, je vous prie de vouloir bien vous y présenter de nouveau pour y affirmer que les faits que vous relatez se sont passés tels que vous le dites. Quant à moi, Monsieur, j'affirme sur l'honneur qu'ils sont de toute fausseté, et je suis prêt à le prouver.

J'ai l'honneur de vous prévenir que mon intention bien formelle est de donner suite à cette affaire, si vous ne vous empressez de rétracter les faits erronés que vous avez si légèrement avancés.

Il n'appartient pas, que je sache, à un Député, défenseur des droits de chaque citoyen, ni à qui que ce soit, de déverser le blâme sur un homme d'honneur.

J'ai l'honneur d'être,

Votre très humble, etc.

Signé E. DULAC.

Vingt-quatre heures s'étant écoulées sans que je fusse honoré d'une réponse, je priai un de vos collègues de vouloir bien tenter une nouvelle démarche auprès de M. de Laboissière. Cette démarche fut faite;

mais elle ne produisit pour tout résultat que la lettre suivante :

Paris, le 23 septembre 1831.

MONSIEUR,

Lorsque votre lettre me fut remise, je pris la résolution de ne lui opposer que le silence le plus complet. Aujourd'hui, vous faites insister auprès de moi par un de mes honorables collègues, pour avoir une réponse; la voici :

Je viens de transmettre votre lettre à M. le ministre de l'intérieur, dont les actes sont soumis à mon contrôle, et qui n'a pas lui-même le droit, que vous prétendriez vous arroger, de me demander compte des paroles que j'ai proférées à la tribune.

Agréez l'assurance de ma considération distinguée,

Signé P. DE LABOISSIÈRE,
Membre de la Chambre des Députés.

Sur ces entrefaites, mon colonel, ayant été informé qu'une plainte avait été portée contre moi à la tribune nationale, me demanda le récit détaillé de mon service durant la journée du 19 septembre. Je m'empressai de lui envoyer le rapport ci-après.

Rapport du Chef d'escadron Dulac, *à M. le Colonel* Feisthamel.

MON COLONEL,

J'ai l'honneur de vous rendre compte des faits suivans : Lundi, 19 septembre, étant de service, je fus envoyé par le chef d'État-Major de la Garde nationale, en tête d'un peloton de Gardes municipaux à cheval, à la suite d'une partie de la 8me Légion de la Garde nationale, pour, de concert avec elle, faire évacuer la place de la Concorde. Je m'y rendis.

Arrivé à ma destination, je fis exécuter l'ordre que j'avais reçu, et tous les groupes qui s'y trouvaient se dispersèrent sans obstacle et sans qu'aucune charge eût lieu.

Cette place étant entièrement débarrassée, et la circulation devenue libre, je restai stationné entre les deux fossés qui avoisinent la rue de la Concorde. Bientôt je m'aperçus qu'une masse compacte, d'environ quinze à vingt individus, s'était réunie au coin de la rue de Rivoli, et paraissait se livrer à des colloques assez animés avec la Garde nationale et quelques Gardes municipaux. Je crus de mon devoir de me porter en personne sur ce point. Aussitôt j'invitai les agitateurs à s'éloigner, en leur rappelant que les Gardes municipaux n'étaient pas là pour lier conversation avec eux, mais pour faire exécuter leur consigne. Soudain, un monsieur en chapeau gris, trouvant apparemment que j'avais tort, et que cette consigne était arbitraire, gesticulait vivement et m'apostrophait.

C'est alors, et alors seulement, que m'adressant à ce monsieur (que j'ai appris depuis être M. de Laboissière), je lui dis : Veuillez, je vous prie, vous retirer. Comme il ne tint aucun compte de mon observation, et qu'il voulait me forcer à l'entendre, je fus contraint de lui dire : Quand je suis à cheval, ce n'est pas pour discuter, mais bien pour faire exécuter les ordres que j'ai reçus; pour la dernière fois, veuillez vous éloigner; je ne dois pas vous entendre.

Cette dernière injonction ne produisant pas plus d'effet que les précédentes, j'ordonnai aux Gardes d'exécuter leur consigne, ce qui fut fait.

Comme je me retirais, en faisant faire un demi-tour à mon cheval, ce monsieur s'écria d'un ton de provocation : Ne me touchez pas, au moins, je vous ferai connaître !...

A ces mots, je revins : Monsieur, lui répliquai-je, j'ai pour habitude de ne pas relever les interpellations qui me sont tenues dans la rue; ailleurs..., et comme lui je n'achevai pas ma pensée. Enfin, contraint par la démonstration des Gardes, ce monsieur fut obligé de s'éloigner.

Peu de temps après, ayant fait rallier le peloton en face de la rue de la Concorde, nous fûmes assaillis par plusieurs groupes fort hostiles; des pierres nous furent lancées. Je me portai en avant avec mon trompette : après avoir épuisé tous les moyens de persuasion et après avoir signifié que si on continuait à être hostile envers la troupe, j'allais faire sonner la charge (ce qui eut lieu, mes paroles étant restées sans effet), je fis mettre le sabre à la main et partir au petit trot; les groupes furent dispersés, la rue devint libre, et la circulation se rétablit.

Le peloton étant arrivé au bout de la rue, entre celle Saint-Honoré et le faubourg, je donnai l'ordre au lieutenant de rester à cette position, de laisser circuler, mais d'empêcher de stationner.

Je revenais de ma personne pour voir ce qui se passait sur la place : à peine y étais-je, que l'officier commandant le peloton que je venais de quitter m'envoya son maréchal-des-logis pour me prévenir qu'il était assailli à coups de pierres. Revenu à la tête du peloton, l'officier me désigna la maison qui est en construction au coin de la rue Saint-Honoré et du boulevard, comme le lieu d'où partaient principalement les projectiles. Je me portai en avant; je prévins que si l'on continuait à insulter et à être hostile envers les Gardes, j'allais de nouveau exécuter un mouvement en avant. En ce moment, je fus atteint d'une pierre au bras droit, et mon cheval en reçut une à l'encolure; le maréchal-des-logis et plusieurs Gardes en furent aussi atteints. Je fus donc encore contraint de mettre le sabre à la main; je poussai la foule devant moi jusqu'au bâtiment dit de la Madeleine : je fis établir le peloton face au boulevard et à la rue qui longe le bâtiment. Comme l'on continuait à se reformer derrière moi à l'entrée des rue et faubourg Saint-Honoré, je fus prier le colonel de la huitième légion de faire exécuter un mouvement en avant pour me seconder et disperser ces nouveaux rassemblemens; ce qui eut lieu. On fit évacuer de même la maison en construction au coin du boulevard, ainsi que le marché d'Aguesseau, dont une entrée donne sur le boulevard.

Le calme rétabli sur ce point, je fus à la recherche de M. Delessert, général de la Garde nationale, duquel je devais recevoir des ordres. Je le joignis au bas du pont de la Concorde, près le palais de la Chambre; vous arrivâtes peu d'instans après, mon colonel. Nous rejoignîmes, sur la place de la Concorde, le peloton que j'avais en arrière; je revins par la rue Saint-Honoré avec vous et un peloton de la 1re compagnie, commandé par M. le lieutenant Ladroitte. A 9 heures, vous me donnâtes l'ordre de rentrer au quartier avec ma troupe; ce que j'exécutai.

La dénonciation faite à la tribune nationale (ne m'étant pas personnelle, mais devant me l'appliquer puisque j'étais seul de service ce jour-là) m'a fait étendre sur ce rapport, qui, sans cette circonstance, eût été très laconique, et fait de la manière suivante : « J'ai reçu l'ordre de dissiper les groupes depuis le pont de la Concorde jusqu'à la Madeleine; j'ai rempli mon devoir sans forte résistance et sans accident. » Je dois ajouter, en outre, mon colonel, que l'épisode mentionné à la tribune est tellement étrange et inconcevable, qu'il me faut absolument supposer qu'il est la récapitulation de tout ce qui est arrivé de fâcheux dans la journée à M. de Laboissière (et dont en masse il a voulu me gratifier), pour m'expliquer sa grave accusation.

Tous ceux qui servent et ont servi avec moi savent que je n'ai pas pour habitude d'outrepasser mes pouvoirs, de maltraiter les gens, et que quand je fais exécuter les ordres que j'ai reçus, ét dont je ne dois compte qu'à mes chefs, je suis dans mon droit.

Le chef d'escadron, *signé* E. DULAC.

Le 23 septembre 1831.

M. le Député de Laboissière ayant, ainsi qu'il me l'annonçait, envoyé ma lettre à M. le Président du Conseil, ce dernier fit aussitôt provoquer une enquête sur mon compte.

J'appris en même temps, par l'avis que m'en donna mon colonel, qu'une copie de mon rapport avait été expédiée à M. le Ministre de l'intérieur, ainsi que les déclarations des officier, sous-officiers et gardes placés sous mon commandement le 19 du courant, et auxquels il avait également donné l'ordre de lui retracer les faits dont ils avaient été témoins.

Fatigué des lenteurs que m'imposait la discipline militaire, justement impatient de réfuter avec force toutes les charges de l'accusation, je sollicitai de mes chefs l'autorisation de publier ma défense.

Cette autorisation m'est enfin accordée, et je me hâte, Messieurs, de vous prouver mon innocence.

Sur le point de livrer mes griefs à votre juridiction, le colonel Feisthamel, pour mettre un terme à de si fâcheux débats, s'offrit, comme chef du régiment, à tenter un dernier effort auprès de M. de Laboissière; sa démarche n'eut aucun succès.

Vous le voyez donc, Messieurs, quoi qu'il m'en coûte, je suis contraint de m'adresser à vous et d'invoquer votre justice.

Je m'abstiens de toute réflexion : chacun de vous appréciera ma position, et sentira combien il m'est pénible de venir me disculper de torts que je n'ai jamais eus.

Ex-capitaine des dragons de la Garde impériale,

aujourd'hui chef d'escadron de la Garde municipale, je ne vous rappellerai point, Messieurs, mes antécédens, qui sont garans du présent et de l'avenir ; je ne demanderai pas si mon honorable adversaire peut présenter à son pays et mes titres et mes garanties ; s'il a, comme moi, combattu vingt ans dans les rangs de nos vieilles phalanges ; s'il a versé son sang pour la défense du sol natal ; s'il est resté quinze ans étranger aux faveurs de la restauration ; enfin, si nos mémorables journées ont été infructueuses pour lui... Tel n'est pas mon projet... Seulement, je le demanderai, de quoi m'accuse M. de Laboissière ?

Je déclare d'abord que j'ignorais complétement et son nom et sa qualité ; j'invoque son propre témoignage à cet égard : m'a-t-il décliné son nom ? m'a-t-il exhibé sa médaille ? Non, certes, il ne l'a pas fait, et il ne me démentira pas.

Il est bien constant que si M. de Laboissière m'eût énoncé tout de suite son titre, fort respectable à mes yeux, j'aurais fait tous mes efforts pour le tirer de l'embarras dans lequel il prétend s'être trouvé. En me faisant cette déclaration, il eût été facilement convaincu que mes principes sont de soutenir et d'entourer d'égards les membres de notre représentation nationale.

Quant au langage impoli que me prête M. de Laboissière, il me permettra de ne pas m'appesantir sur ce chapitre ; je m'en réfère d'ailleurs, en tous points, Messieurs, à ceux d'entre vous dont j'ai l'honneur d'être connu, pour éclairer la Chambre, bien certain qu'elle me rendra justice.

Pour appuyer ma réclamation de pièces justificatives, j'ai prié mon colonel de me laisser prendre copie des rapports qui ont été faits sur ces événemens. M. le colonel Feisthamel ayant eu l'obligeance d'obtempérer à mon désir, je joins ici toutes ces pièces.

J'ai l'honneur d'être,

MESSIEURS LES DÉPUTÉS,

avec un profond respect,

Votre très humble et très obéissant serviteur,

E. DULAC.

PIÈCES JUSTIFICATIVES.

RAPPORTS
ADRESSÉS A M. LE COLONEL FEISTHAMEL.

N° 1.

Rapport du lieutenant Berger, *de la 3e compagnie.*

Je soussigné, lieutenant, commandant le peloton de la Garde municipale à cheval, chargé de faire évacuer la place de la Concorde, le 19 septembre au soir, sous les ordres de M. le commandant Dulac; après avoir pris connaissance du *Moniteur*, du 21 courant, qui rend compte de la séance de la Chambre des Députés du 20, dans laquelle M. Laboissière rapporte des faits sur ce qui s'est passé sur la place de la Concorde, déclare, 1° Qu'étant arrivé à l'extrémité de la place, du côté de la rue Royale et près du bâtiment de la marine, je me suis occupé de rallier les hommes de mon peloton, qui venaient de terminer l'évacuation de la place; que cette évacuation s'est faite au pas, et qu'il est faux qu'il y ait eu une charge;

2° Que j'ai vu, à une petite distance de moi, un groupe d'une quinzaine d'individus, parmi lesquels se trouvait un monsieur en chapeau gris, essayant de traverser un peloton de la Garde nationale, qui s'opposait à son passage, conjointement avec deux ou trois Gardes de mon peloton; qu'ainsi ce monsieur n'a pu être pressé entre la cavalerie de la Garde municipale, qui était arrêtée à quelque distance de lui, ni menacé d'être percé par les baïonnettes de la Garde nationale, qui avait l'arme au bras;

3° Que j'ai vu M. le commandant Dulac se porter au pas près des gardes qui étaient en discussion avec ce monsieur en chapeau gris, lequel montrait de la résistance, et faisait des gestes menaçans en parlant au commandant ;

4° Que j'ai entendu le commandant dire à plusieurs reprises, à ce même monsieur : Retirez-vous, monsieur, retirez-vous, et qu'il ne lui est échappé aucune expression inconvenante ;

5° Que je n'ai point vu ce monsieur montrer sa médaille au commandant ;

6° Que je n'ai pas entendu dire au commandant : Filez, ou je vous fais sabrer comme les autres ; ce qui était d'autant plus impossible que nous avions le sabre dans le fourreau, et qu'aucun coup de plat n'a même été donné à qui que ce fût ;

7° Qu'enfin, quelques instans après ce colloque, des huées s'étant fait entendre de la foule qui obstruait l'entrée de la rue Royale, et des pierres lancées ayant blessé quelques gardes, le commandant se mit à la tête du peloton, fit sonner la trompette, et commanda au peloton de marcher au petit trot pour faire évacuer la rue.

Berger.

N° 2.

Rapport du maréchal-des-logis Ranvaux.

Mon Colonel,

Après avoir pris lecture du journal du 21 de ce mois, je crois de mon devoir de démentir ce qu'il annonce au sujet de la Garde municipale, en vous rendant un compte exact de ce qui s'est passé sur la place de la Concorde.

J'étais de service le 19, à six heures du soir, au coin de ladite place et de la rue Royale, lorsqu'un groupe d'environ quinze individus essaya de forcer le passage de la rue de Rivoli, qui étoit gardé par un bataillon de la Garde nationale; un des officiers leur représenta que la consigne était de ne laisser passer personne.

Le brigadier Retaillie, du peloton dont je faisais alors partie, voyant que ces individus ne consentaient pas à se retirer de bonne volonté, se porta vers cet endroit; ils ne voulurent pas encore : c'est alors que nous avançâmes doucement de ce côté avec monsieur le commandant Dulac, qui employa tous les moyens de persuasion pour les faire rentrer dans l'ordre, ce qu'ils auraient probablement fait plus tôt si un individu qui se trouvait parmi eux, en habit bleu et en chapeau gris, ne se fût mis à menacer monsieur le commandant Dulac, qui ne disait autre chose que : Retirez-vous, messieurs... Pourquoi restez-vous? Respectez la consigne. Mais le commandant ne s'est nullement servi d'aucune parole grossière ni malhonnête.

Il est de toute fausseté, mon colonel, que monsieur le commandant Dulac ait insulté qui que ce soit, et il est également faux que (comme le dit le journal du 21) on ait chargé sur ce groupe, ni même que l'on ait mis le sabre à la main.

J'ai l'honneur d'être, avec le plus profond respect,

Mon Colonel,

Votre très humble et très obéissant serviteur,

RANVAUX.

N° 3.

Rapport du brigadier RETAILLIE.

Je déclare, étant de service sur la place de la Concorde, le 19 du courant, avoir vu, vers les 6 heures du soir, rue Royale, au coin de la rue de Rivoli, plusieurs individus qui essayaient de franchir les rangs de la Garde nationale pour aller gagner la rue de Rivoli, malgré la résistance que celle-ci leur opposait. Je me suis approché de ces messieurs en leur observant également qu'ils ne pouvaient passer, et en les engageant à prendre la rue Royale ou la rue des Champs-Élysées. Un d'eux, coiffé en chapeau gris, m'a répondu qu'il n'avait pas besoin de passer par cette rue. C'est donc à tort que le *Moniteur* du 21 du courant, d'après le rapport de M. de Laboissière, dit que M. le chef d'escadron Dulac est arrivé sur lui au galop, et qu'il se trouvait entre les baïonnettes de la Garde nationale et une charge de la Garde municipale, vu que tout le peloton était dispersé, et était occupé à faire circuler le monde qui était sur la place de la Concorde. Je me trouvais placé à côté de la Garde nationale, qui avait l'arme au bras, et non en hostilité, comme le dit le *Moniteur*. Ce n'est qu'après que le groupe qui était au coin de la rue Royale fut devenu très nombreux par suite de l'entêtement de ces individus, que M. le chef d'escadron Dulac a rallié le peloton, et que nous sommes partis *au trot* pour disperser le groupe, qui devenait menaçant, et qui nous lançait des pierres et nous sifflait.

Paris, le 25 septembre 1831.

RETAILLIE,

brigadier (3e compagnie cavalerie) [1].

[1] Ce rapport est fait par le maréchal-des-logis dont M. Laboissière vante la politesse.

N° 4.

Rapport du brigadier PAGNIER.

Je soussigné déclare, après avoir lu dans le *Moniteur* du 21 septembre, les faits avancés par M. Laboissière, député, que la Garde municipale étant de service sur la place de la Concorde, et aux ordres de M. le chef d'escadron Dulac; qu'il a ordonné des charges, ce qui est faux ; que l'on a acculé M. Laboissière entre les baïonnettes de la Garde nationale et les chevaux: dans ce moment la Garde nationale était l'arme au bras, et non dans un état d'hostilité, et la cavalerie municipale ne bougeait pas; que M. Dulac est arrivé au galop, le sabre à la main : tandis qu'il est arrivé au coin de la rue de Rivoli au pas et le sabre dans le fourreau, près d'un groupe d'à peu près quinze hommes, en les priant fort honnêtement de se retirer; mais il n'a pas menacé de les sabrer.

J'ai remarqué, parmi ces messieurs, un qui était habillé en habit bleu et chapeau gris, qui avait l'air de répondre fort mal au commandant, et ses gestes me firent croire que c'était un instigateur.

Ce monsieur dit que le commandant l'a poursuivi jusque près du Ministère de la marine; il ne le pouvait pas, attendu qu'il était à la tête du peloton, et que nous l'aurions vu.

Paris, ce 26 septembre 1831.

PAGNIER.

N° 5.

Rapport du garde Bizet.

Je soussigné, déclare et certifie qu'étant de service le 19 du présent mois, à six heures du soir environ, à l'entrée de la rue Royale, près l'Hôtel de la marine, des bourgeois, au nombre de dix ou douze, se sont présentés à quelque distance du front du peloton, et ont demandé à passer rue de Rivoli. La consigne étant que personne ne pouvait circuler par là, je leur ai répondu qu'ils devaient prendre par la rue Royale. C'est alors que deux de ces messieurs, dont l'un avait un ruban à sa boutonnière, et dont l'autre était coiffé d'un chapeau gris, se sont dits être Députés, et insistaient pour passer; je leur ai encore répété que la consigne s'y opposait, et que s'ils étaient réellement Députés, ils devaient, dans un moment comme celui-là, éviter de se trouver dans les groupes, et surtout respecter la consigne. Nous sommes Deputés, ont-ils répété, nous avons nos cartes, et nous pouvons passer partout; si l'on n'est pas content de nous, qu'on nous renvoie dans nos départemens. Après ce colloque, est arrivé monsieur le commandant Dulac, qui a répété à ces messieurs qu'il avait la consigne de ne laisser circuler qui que ce soit par la rue de Rivoli; qu'ils ne pouvaient la violer, et qu'ils aient à se retirer. Sur quoi le monsieur en chapeau gris a fait des gestes menaçans au commandant Dulac, et lui a dit qu'il aurait de ses nouvelles. Tel est le détail exact de ce qui s'est passé. En foi de quoi j'ai signé la présente déclaration.

Paris, le 25 septembre 1831.

Bizet,
garde à cheval, 3e compagnie.

N° 6.

Rapport du trompette DELBOY.

Je reconnais et certifie qu'étant de service le 19 du présent mois, à 6 heures du soir environ, à l'entrée de la rue Royale, une douzaine de bourgeois était rassemblée à quelque distance du peloton, et voulant passer rue de Rivoli, je leur ai répondu qu'ils ne pouvaient passer de ce côté. Deux de ces individus, dont l'un était décoré, et l'autre coiffé d'un chapeau gris, se trouvaient au nombre de ce groupe. Ils se sont permis de mettre dans le *Moniteur* que le chef d'escadron Dulac, de la Garde municipale, s'était mal conduit envers ces individus. Mais, je déclare qu'étant trompette d'ordonnance avec le commandant Dulac, celui-ci leur dit plusieurs fois : Retirez-vous, retirez-vous; et j'ai remarqué que cet individu a fait plusieurs menaces audit commandant. C'est pourquoi je déclare que le chef d'escadron s'est conduit avec beaucoup d'honnêteté envers le chapeau gris, et qu'il n'y a pas eu de charge de faite, ni de baïonnettes de croisées, comme veut bien le dire monsieur le Député.

Fait à Paris, le 26 septembre 1831.

J. N. DELBOY,
trompette.

P. S. Je ne joins pas à ces rapports celui qui m'a été adressé par MM. les Officiers, Sous-Officiers et Gardes nationaux de la 8me Légion, aussitôt qu'ils ont eu connaissance de la pétition que j'ai l'honneur de vous adresser.

Le but de ma Pétition m'étant tout personnel, je n'ai pas cru devoir faire usage de ce rapport, qu'au besoin je pourrais mettre sous les yeux de votre commission, si vous l'ordonniez.

PARIS.—IMPRIMERIE DE RIGNOUX, RUE DES FRANCS-BOURGEOIS-S.-MICHEL, N° 8.

www.ingramcontent.com/pod-product-compliance
Ingram Content Group UK Ltd.
Pitfield, Milton Keynes, MK11 3LW, UK
UKHW020445220726
13923UKWH00005B/2338